ESTACIONES SIN RUMBO

Antonio López Gámez

Estaciones sin rumbo

Primera Edición 2024
© *Antonio López Gámez 2024*

© *Editorial Poesía eres tú.*
https:// poesiaerestu.com
C/Dr. Fleming Nº50, 4ºD
28036 Madrid
Teléfono: 34 91 345 38 17
Fax: 34 91 350 80 54

ISBN: 978-84-18893-88-9
Depósito Legal: M-24092-2024

ESTACIONES SIN RUMBO

ANTONIO LÓPEZ GÁMEZ

A mi madre y mi hermana, por ser mi fuerza
y apoyo incondicional.

A mi padre, allá donde esté.

A Desirée, por ser mi primavera.

Otoño

«No hay nada más vivo que un recuerdo»

Federico García Lorca

Ya lo dijo mi consciencia
en sueños. Lo dijo:
que sin tenerte ya te amo
y con amarte ya estoy muerto.
Lo dijo —imagino— sin pensarlo.
Sin pensar en mí, en mi vida
lo dijo.
Como una maldición lo dijo.
Ahora solo me queda huir,
correr detrás de ti
hasta alcanzarte y
susurrarte lo que dijo.
Porque lo dijo. Sí:
lo dijo.
Y yo te busco
dentro y fuera
de mi cabeza y mi alma
y te encuentro clara
y sincera y resplandeciente
y perfecta y despreocupada.
Y qué más da lo que dijo.

Vas y vienes sobre mí
sin tu cuerpo.
Lentamente quema
el aire existente
que separa nuestra piel.
Como en un sueño:
brilla tu rostro y
mi cuerpo corre tras él.
Mis manos no contemplan
mejor descanso que en tu figura.
Mi alma no encuentra
mejor retiro que en tu mirada.

Suéñame
como te sueña en silencio
cada uno de mis latidos.
Despacio, con tiento,
no vaya a ser que se entere
y destruya todo el destino.

Déjame
que vuele entre los recuerdos
de aquellos días que vivimos.
Solo, en silencio,
no vaya a ser que te despierte
y quede todo en un suspiro.

Dime quién soy.
Cuéntame qué pasó,
cuál fue mi principio y
cuál será algún día mi final.
Descúbreme. Descúbrete
para yo poderme encontrar.
No cierres tus ojos. Sostén
con ellos mi alma, mi vida, mi paz.
Vive fuerte conmigo. Sueña
en silencio, no le digas a nadie
absolutamente nada de nuestra verdad.
No dudes. Confía. Susurraré
con palabras de fuego al destino
que borre de esta historia
su cruel y certero final.

Es
el fuego y el hielo,
lo fugaz y lo eterno,
lo posible y lo imposible.

Quema vorazmente
cada espacio en el tiempo;
congela mi alma despacio, en silencio,
obligándome a que nada olvide.

Duró un instante escaso
la incesante lucha con su cuerpo;
perpetuo en mi alma ese beso
que se da cuando te despides.

Todo posible
a solas, todo extremadamente cierto;
sin nada que hacer entre gestos,
por las calles, entre fantasmas, visibles.

Hay heridas en el alma
—fraguadas a cielo abierto—
que la piel no concibe.

Dejé abiertas de par en par
las puertas del balcón cuando te fuiste.
El calor acariciaba mi cara. Mis manos
frías sin vos.
En el aire se desvanecía el recuerdo.
Las paredes
vomitaban el eco de nosotros dos.
El calor acariciaba mi cara.
No te ibas: todavía allí estabas.
Yo ahí, solo, meditabundo,
repasando cada letra del reciente adiós.
Poco a poco se agotaba la mañana.
Para serenarme,
caminé rincones y ríos
vacíos, secos, ardiendo de desolación.
Qué extrañas se sentían las calles
con la nostalgia y el ruido
de una única canción.
Deshice mis pasos con miedo
por encontrar intacta
como la dejé la habitación.
Y todavía allí estabas: no te ibas
aunque dejara abiertas de par en par
las puertas del balcón.

Cruel la desesperación de mi boca.

Salta en el aire rozando
las finas teselas de tu recuerdo.

Fugaz su brillo cuando las toca.

Cuando las toca,
salen huyendo al rincón donde
reposan cada resto, cada fibra, cada beso
que hablan de ti.

Triste la desesperación de mi boca.

Y fuiste el fuego donde se consumió
por primera vez mi cuerpo iluso.
Sin hablar,
encendiste aquella vez mi pasión
sin poder oponerme, ciego, hambriento,
vacío de sangre.

Y fuiste el cielo hasta donde voló
por primera vez mi alma mustia.
Sin dudar,
segaste sus alas sin dolor
sintiendo ahora el cálido hielo,
suspirando al aire.

La habitación llora cuando la miro
porque a mi mirada
ya no le sigue nada.
Lejos, se deshace el recuerdo
dentro de un grito que no acaba.
Mucho más cerca,
se tortura y pudre por dentro
una lágrima que lentamente
por la mejilla resbala.
Frías la habitación y la mejilla,
el grito y la mirada.

Tan solo queda la sombra del calor,
las huellas en la piel, los besos
en el aire que lentamente
moría en aquella habitación.
El frío reflejo del espejo, el sudor
seco en aquel ayer, los restos
de los gritos ahogados por completo,
sin excusas, en el corazón.

Exiliaré mi alma en el olvido.

Perderé la razón sin buscarte,
ganaré frío con ese cálido recuerdo,
perderé sin trampas contra la eternidad.

Pasearé solo, sin pensar, intranquilo.

Me torturaré con el único fantasma
que me acompañará perpetuamente
amándolo hasta poder regresar.

Invierno

«En efecto, existe algo más tenaz
que la memoria —pensó—: el olvido»

Salvador Elizondo

Ardió sin solución, feliz, mi oscura alma
en la inmensa hoguera de sus ojos.
La fue derritiendo su fuego
—resbalaba mi sangre por sus entrañas—;
su mirada gritando de placer.
Observé todo muy quieto
como quien mudo presencia
un crimen tras las sombras.
Sin piedad, sin pena, sin miedo:
no quedó ninguna huella de vida,
cenizas o sentimientos.
Excavé en el recuerdo su tumba vacía:
no todo lo que muere se salva.

Golpea por dentro
a lo más vulnerable, a lo muerto
con una ciega crueldad.
Corta superficialmente, desangra,
remueve con saña el hueco, sin prisa,
sonriendo a su profundidad.
Sala y aprieta. Besa
con vinagre en los labios los restos
que quedaban intactos con maldad.
¿Cómo explicar lo que me quema
muy hondo en el pecho
sin romper mi garganta de gritar?

Te negó mi razón
ante mi corazón como Judas.
Te olvidó
o por lo menos intentó
planchar del tiempo las arrugas.
Ahora vive
mi corazón con mil dudas.
Ahora se arrepiente
del remedio mi razón.

Caminé
como un ingenuo por tu cuerpo
aun conociendo el desenlace,
aún queriéndolo ignorar.

Un puñado de días
no es suficiente para lo eterno

y perdiendo el juego, sintiéndose engañada,
agonizando, se encuentra mi ansiedad.

No besaste mis ojos.
No me besaste los ojos
aquel día ni aquella noche
ni al atardecer ni al alba.

No los besaste. Tan solo
los miraste
como quien lejos, cegado por el sol,
mira al frente con los ojos
refugiados entre las pestañas.

Así los olvidaste.
Así te olvidaste
de mis ojos, de su color,
de cómo te miraron
aquella tarde y,
luego, en aquella mañana.

Lo dijiste.
¿No lo recordás?
Siempre
para siempre
por siempre
eso y nada
todo y más.
Lo dijiste.
Tan poco para vos
tan tarde para mí
tan mal para el dolor.
Y ahora no sé
no recuerdo
si siempre
o nunca
o para nada
o quizás.

Vacíos
la vida, las calles,
mi pecho y tu sangre.
Llenas
mis manos de ansia,
pena y frustración.
La mitad
de toda mi vida, el mundo,
la estación y el recorrido
se llenan del vacío
que supura mi corazón.

La tuve
sin ser mi posesión.
La tuve
sencillamente entre mis brazos,
sobre mi cuerpo,
dentro, muy dentro
del corazón.
Sin más y
con nada y menos
la tuve.
¿Cómo dejar atrás
la esperanza de lo eterno,
horas, minutos, segundos,
la memoria de un adiós?

No te nombro. El silencio
se encarga ahora de refugiarte,
de amarte,
de gritarte
como el mar enfurecido, triste
por todas partes;
como buscando en su eco
poder volver a abrazarte.
No te nombro. Otros labios
se encargarán de llamarte.

¿Por qué todo vacío,
todo yermo?

El fuego hizo muy bien su trabajo.

Ya murieron las raíces,
los ojos y su abismo,
el tiempo, los días y su calendario.

Ya volaron las cenizas lejos
donde ni el recuerdo
puede hacer algo.

El fuego hizo muy bien su trabajo.

No quedó ninguna cicatriz,
fue rápido,
consumió todo sin dejar rastro.

Pero olvidó su fulgor
reflejado en las pupilas,
grabado para siempre, aunque

hizo muy bien su trabajo.

Aquí muere aquel antes y
sufre en silencio
por la eternidad su después.

Imposible. Inconcebible
para mi intelecto
un adiós perpetuo, no volver.

Como quien sufre, pero
sin dolor ni lamento,
muere mi corazón rendido, sin fe.

A falta de remedio,
lo inventaré en sueños.
Despierto, dormiré.

Quema la tierra
que descansa alrededor de mis pies.
Queman mis huellas
caminando lejos del camino.
Queman el olvido y el veneno
que asesinaron a todo lo vivido.
Queman el recuerdo y la vida,
la pena y el dolor.

¿Qué fue?
Acaso un breve incendio que
reduciendo a polvo nuestros huesos
dejó partes de odio sin arder.

No lo sé.
Quizás un breve invierno que
en un instante mutó en eterno
sin dejar tiempo para florecer.

Sin un porqué.
Probablemente un cuento que
cambiando su final a destiempo
dejó un argumento sin ser.

Primavera

«Mi corazón espera
también, hacia la luz y hacia la vida,
otro milagro de la primavera»

Antonio Machado

Me enamoré
de su alma antes que de su cuerpo,
cuerpo que, ahora lejos,
a mi lado no lo paro de soñar.

La idealicé.
La subí a un pedestal y,
tras conocerla,
tuve que subirla aún más.

No la busqué.
La puso el destino, lo divino o el olvido
aquí en mi vida, vida que nunca
volverá a ser igual.

Lo recuerdo:
todo el instante encima;
tus manos que juegan, que muerden,
que me dan vida;
tu pelo que me pierde, que se cruza
entre tu cara y la mía.

Consumiendo mi vista:
la suave curva de tu boca,
la sublime orografía
de las arrugas de tus labios,
su brillo y el precio por besarlos
sin perderme en la agonía.

Ese instante:
como un imán, inamovible ante tu puerta,
ante tu risa, ante mi alegría.
Esa sensación de dejar todo en otro sitio,
no en mi pecho ni en mis manos
ni a mi vera ni en mis días.

Me quema en la mirada
la penumbra de su figura.

Inhibidos los sentidos, busco
salvarme en su cuerpo,
en su piel, besando su cuello,
suplicándole lento al oído.

Luchando en contra de mis impulsos,
de su cintura, de mis instintos,
intento huir de sus labios,
me atrapa fuerte y me trae consigo.

Desatada la locura en cuerpo y mente,
en mi alma y en sus suspiros,
intento encontrar una causa, un sentido,
¿cómo es que encaja tan perfecta conmigo?

Estuvo conmigo.
No lo soñé: estuvo allí conmigo.

Las calles como testigo
del eterno paseo,
de los dedos entrelazados,
de las piedras y las heridas,
de cada rincón sagrado.

De Machado,
las huellas que guiaron nuestros pasos;
de la poesía,
se encargaron sus labios.

En los muros
todavía reverbera el recuerdo.
En mis manos
el monumento más preciado.

Como pruebas:
el sol en su puesta,
el silencio en sus ojos,
el ruido de las puertas.

Porque estuvo allí conmigo
y yo estuve ahí con ella.

Moriré loco entre tus brazos.
Olvidaré quién soy, quién
me dijeron que fui y quién fue,
mi nombre, mis gestos,
el hambre, la sed.
Convertiré tu sublime forma
en todo mi recuerdo.
Llamaré con tu nombre,
con todo tu ser
a la alegría y al silencio.
Se fundirá mi deseo
con tu alma y tu cuerpo a la vez.
Suplicaré una última oportunidad,
mil prórrogas a la mentira de lo eterno.
Te buscaré a ti, a tu alma
aquí, en otra vida
o donde quiera que estés.

Se perderá el sexo
en el abismo claro de tu amor.
Renacerá. Se vestirá
de miradas cómplices y gestos
y será tu nombre la única razón.

Se perderán los cuerpos
en el certero avance del reloj.
Morirán. Regresarán
sin sangre, sin huesos
y convergerán en un único corazón.

Se perderá el tiempo y
el sexo y los cuerpos
serán tan solo vestigios
carentes de valor.

Deambula lentamente,
muy segura —por dentro temblando—
midiendo, sintiendo, saboreando
cada milímetro de su figura.
Desde lo alto:
sin mesura ese paraíso
exclusivo de los sueños.
Impaciente por explorarlo,
inicia su descenso al vacío.
Relieves de fuego, sombras,
escondites, suavidad,
arte, vida y deseo
encuentra a su paso.
¿Cómo regresar al mundo
después de ver todo aquello?
En lo hondo:
lo prohibido, lo temido,
el final de su trayecto.
Queriendo ser solo suya,
queriendo ser dueña de su cielo.

Tan poco dura una vida.

Lo justo para encontrarte,
para admirarte y
seguir como si siguiera con vida.

Tan poco dura una vida.

Demasiado
como para esperarte,
como para olvidarte y
creer que algo de esto se olvida.

Tan poco dura una vida.

Muy poco. Absolutamente poco
para besarte o para amarte
como si no durara tan poco una vida.

Que duerma cada noche
tu boca con mi nombre.
Que lo grite. Que
no quede en sus labios prueba
de todo lo que esconde.
Que lo mire. Que
arda lentamente en la hoguera
que provoque su roce.

Nada ocurría. Todo igual seguía
en este y otros mundos.
El tiempo transcurría,
el río corría,
el viento no cesaba.
Nada sucedía,
excepto tú.

Todo por ti.

Por cada una
de tus miradas,
de tus bailes,
de tus gestos.

Por encontrar
la savia helada dentro de mí.
Por calentar
mi corazón con tus letras,
con tu voz y tus besos.
Por reforzar
que el principio puede no tener fin.

Todo por ti.

Todo por tu risa y
por tu silencio.

Me miraste
y encendiste un fuego
donde solo había cenizas
y restos de madera mojada.
No entendí entonces aquella mirada
ni aquella tranquilidad
ni la vida ni las llamas.
Sin embargo,
entré en tus ojos
—me abriste la puerta—
y encontré tras tus sueños
la causa.
Y no volvió a hacer frío.
Y no volviste a apartar tu mirada.

Se me escapaba entre las manos:
como el cielo,
como el viento
de aquel día de verano,
como el agua tan fría del desierto
de aquel solitario cabo.

Sin poderla parar:
como el preso libre
que no sabe a dónde va.

Como el tren que raudo parte
aunque no haya nadie esperando:
se me escapaba entre las manos.

De la luz de su levedad,
famélica, se nutre mi alma.

Ni lo toca el viento
ni la voz
ni el cielo
pues congelado vive, perpetuo, mudo
en mis pupilas

como un lago,
como un desierto
que absorbe a todo cuanto lo mira.

En el día, en la noche,
en la vigilia, en el sueño,
rompe el tiempo con su baile
haciendo creer todo alrededor mentira.

Y yo lo busco desesperado,
vacío, con apremio,
como el sediento al agua,
como el moribundo a la vida.

Soy tu mirada
y el leve canto de tu risa,
la locura y arte
de toda expresión de tu alma,
la suave y delicada brisa
que escapa cuando suspiras.

Soy cada arruga de tu frente,
de tus ojos, de tu cara
cuando ríes a carcajadas
y mi frío pecho se enciende.

Soy la tímida caída
de tus pupilas hacía el suelo,
su subida —distantes— hacia el cielo,
su temblor y brillo cuando me miran.

Soy todo tu ser,
tu alegría, pena y lamentos.
El artista que, fuera de sí,
se dedica noche y día
únicamente a admirarte
como a cada una de sus obras de arte
sin importar durante cuánto tiempo.

Me convertiré en el aire
en el vano intento de
nunca tener que abandonarte.
Te observaré entre las flores,
entre la hierba,
entre las ramas de los árboles.
Pasearé contigo por siempre
pegado a tu piel
en eterno silencio
por lugares y calles.
Besaré tus labios, invisible,
ahogando en el viento mi lamento
por no poder alcanzarte.
Te despeinaré. Me perderé
desesperado entre tu pelo
jugando con tus manos
mientras intentas arreglarte.

Verano

«Pero después del fuego,
es la ceniza,
la durable ceniza
la que gana»

Ida Vitale

Se confunde,
se mezcla,
se solapa
en mi mente cada vocativo.
De ayer,
de hoy,
de mañana:
para siempre todo el ruido.
Se borra,
se olvida,
se graba
en el alma a fuego, sin sentido.

Es verdad:
no saber
no querer
no volver.
Es mentira:
la verdad
el deber
la vida.

Fría. Muy fría la barra.
En el suelo los restos
de sueños, impaciencia e ilusión.
Nadie mira. Nadie mira mi cara.
Desconocido entre cuerpos
que nadan en el mismo alcohol.
Sin salida. En la entrada
se amontonan los miedos a cientos
con la ausencia evidente de la razón.

No escapé. No escapo.
Tan solo bebo y muero
siempre por la misma canción.

Se mezclan en mi cabeza
los recuerdos, las emociones,
el tacto, el olor, el sabor,
las sonrisas, las miradas.
Mi vida: todo y nada.
No recuerdo qué mano agarré,
qué labios besé
ni su sabor ni su tacto ni su forma
ni los ojos en los que me miré.
No sé qué mano agarro,
qué labios beso
ni su sabor ni su tacto ni su forma
ni los ojos en los que me miro.
No olvido las figuras,
las risas, las lágrimas y
sin embargo, no recuerdo
qué ni cuándo ni quién
las provocaba.
Soy sin ser,
con mil recuerdos olvidados,
con mil amores desterrados,
con un corazón que
no olvida lo pasado
ni qué ni cuándo ni quién.

El amor cuando se cruza
—por suerte o desgracia—
tranquilamente con tu vida,
te mira y,
aun así ya haya pasado,
te sigue mirando todavía.
Y deja un recuerdo atormentado que,
estando completamente olvidado,
no se olvida en toda la vida.

Ah, qué muerte la de mi corazón.
Qué tarde, qué tiempo, qué fría calma,
qué fina lágrima de mi mirada
cayendo sin aplomo, con razón.

Cesando urgente la eterna pasión.
Cortando la rosa, el germen, sus ramas;
dejando un jardín tibio sin más nada
que un suelo de restos y su rumor.

Aquel verano fue mi primavera.
Qué triste pensar que aquel inicio
era tan solo el fin que ahora queda.

Este invierno es ahora mi refugio.
Esa isla vacía a la que se llega
después de todo funesto naufragio.

Hubo alguien que
me mató sin piedad
y luego dejó a la vista
mi cálido cadáver.

Hubo alguien que
me amó sin amar
y luego dejó con vida
mi corazón con un antes.

Hubo alguien que
me cantó sin hablar
y luego dejó sin rima
mi canción y mis bailes.

Hubo alguien a quien
soñé sin despertar
y ahora tengo la manía
de dormir y no soñar.

Tus labios no son como otros labios
ni su beso
ni su tacto
ni su forma:
apenas los recuerdo.
Tus labios no hablan mi idioma
no los entiendo
no los escucho
no los quiero:
casi consigo olvidarlos.

Que muera. Que caiga
al suelo en su vuelo
congelado, nulo
ese instante.

Que no hiera. Que vaya
al olvido lo vivido
rápidamente ardiendo
toda su sangre.

Que todo suceda. Que nada
cambie de ese recuerdo
cálido, vivo, eterno.
Que jamás se entere nadie.

Te amo, recuerdo,
sin importar la pena,
el miedo o la certeza
de saber que ya estás muerto.

Te necesito, recuerdo.
Aunque baldía y seca
esté la vida, la mesa
todavía conserva del fuego el reflejo.

Adiós, recuerdo.
Tarde o temprano todo llega
y no merezco más tormentas
causadas por un corazón ciego.

Los brazos llorando aire.
Las manos
azules de la soga y las palabras.
Mi espalda fría con
la caricia invisible de la nostalgia:
tengo que soltar.

El recuerdo susurrando cielo.
El presente
negro del olvido y la nada.
Mi dolor con
mil heridas que supuran rabia:
tiene que terminar.

Ahora que murió mi ilusión,
que no queda calor ni risa,
que no quema nada donde una vez dolió.

Ahora que bajo tierra descansan
mi fuerza y mi esperanza,
su vanidad y todo el amor.

Buscaré un refugio en mi memoria,
solo, acompañado por ese frío
que mantiene intacto mi corazón.

ÍNDICE